JN212873

七田式

自分で考えて
動く子どもに育つ

言い換えことば

教育研究家
七田式主宰
七田 厚

「親の言葉がけ」が
子どもに勇気と自信を与える！！

まえがき――親が口にする言葉は「希望的観測」でいい！

普段、お子さんにどのような言葉をかけることが多いですか。少し振り返ってみてください。

日常生活の様々な場面で親からお子さんにかける言葉、なかでも口グセのようについ言ってしまうフレーズはありませんか。

「我が子のいつもの行動パターンを改めてほしい、そうしてくれるとお母さんも助かるし、あなたにとってもそのほうがいいことなの……」ということで、日常的には、「ダメ出し言葉」が多くなっているかもしれませんね。

「売り言葉に買い言葉」という言葉があるように、**感情的に発した言葉は、まずいい結果を生みません。**同じパターンで同じやり取りを繰り返しているうちに、親子関係も良好と言えなくなってしまう危険性もあります。

そうならないように、反射的に出てきた言葉をそのまま発するのではなく、一呼吸置いて、ちょっと言い方を工夫してみませんか。

かけられる言葉が変わると、お子さんの反応、表情、返事、行動パターンが変わっていきます。

親から子にかける言葉って、親が考えている以上に影響力があるのです。幼ければ幼いほど、子どもにとって親の言葉は絶対的なものになります。

「まったくあなたって、いつもそうなんだから……」と言われ、「そんなことない！」と反射的に返してきたとしても、内心は「ほんとだ！　お母さんの言うとおり。どうして僕はいつもそうなんだろう？」と思っているものなのです。

そうやって自覚しているからこそ、指摘されると腹が立ち、「売り言葉に買い言葉」になってしまうのです。

親の言葉に反発し、何も解決せず、同じことの繰り返しということにならないよう、本書では、「家庭生活」「しつけ」「勉強・習い事」「うまくやれなかったとき」「外出先でのトラブル」というそれぞれの場面において、つい口から出てしまいがちなNGワードを取り上げ、そのNGワード（ネガティブ言葉）を封印し、代わりに何と言葉がけしたらいいか（ポジティブ言葉）ということについて、一つずつ考えていきたいと思います。

有名なプロスポーツ選手がＴＶでマイクを向けられ、「何だかわからないけど、私には根拠のない自信があるんです」と答える場面を見ることがありますが、それは間違いなく、その選手のお母さん、お父さんが子ども時代にかけ続けていた言葉の結果なのです。

親が口にする段階では根拠はなくてよく、「希望的観測」でいいのです。

でも、その言葉を聞かされ続けた子どもにとっては、「お母さんが言うのだから」「お父さんが言うのだから」というのが、じつは最大の根拠になるのです。

本書を参考にして、ぜひ、10歳ごろまでのお子さんにかける言葉を少しずつ言い換えてみてください。

「寄り添う言葉、やる気になる言葉」をかけてもらい、話をよく聞いてもらえると、子どもは愛されていることを実感します。

すると、新しい時代に必要だと言われる資質、「積極的に自分で考え、動くことのできるお子さん」に成長されることでしょう。

2024年9月吉日

七田厚（しちだ こう）

◆目次◆

第1章

「親の言葉」は、子どもの一生を決める！

親子の信頼関係を築くうえで大切なのは質

子どもが親から愛されていると実感できる方法の一つが、**「本の読み聞かせ」**です。でも、毎日の家事やたまった仕事に追われていると、なかなか子どもとの時間を取るのが難しい場合もあるでしょう。

そんなときは、読み聞かせでなくとも**毎日5分〜15分程度でもいいので「今日は学校でどんなことがあったの？」と、子どもから話を聞く時間をつくりましょう。**もちろん時間が許すようなら1時間でも2時間でも、多いぶんに越したことはありません。話を聞くタイミングは、**一緒にお風呂に入る時間**があればそこでもいいと思いますが、理想をあげるとしたら**就寝前**です。

頭の中に、日々の様々なタスクがあったとしても、ここでは他のことを全部忘れましょう。しっかり子どもと向き合って、集中して話を聞いてあげてください。

そして「明日もいい1日にしようね、おやすみ」と言って、**寝る前に笑顔を見せてあげましょう。**子どもはそれだけで安心して眠ることができます。

また**「ハグ」（相手を抱きしめること）をする**のもいいと思います。ハグというのは、抱きしめる側・抱きしめられる側の一方だけでなく、お互いに作用する行為なので、子どもとハグをすることで親の精神も安定します。

理想的な親子の信頼関係を築くうえで大切なのは、時間じゃありません。質です。**根本的に親子の信頼関係ができていれば、子どもの問題行動もそうは出てこない**はずです。子どもと一緒に過ごすことのできる**短い時間の中で、しっかりと「心の交流」をする**ことが大切です。

親の言葉は、一生子どもに寄り添い続けられるもの

ある知人の話になりますが、彼は、子どもの頃から母親に「あなたは将来きっと立派な人物になる」と言われ続けて育ったそうです。

一人息子だったので、期待も大きかったのでしょう。彼自身の立場でいうと、親からの愛情を一人占めできる環境でしたし、お母さんからのそういった言葉自体がパワーの源でもあったといいます。

どちらかというと、何事も石橋を叩いて渡るようなタイプの私に対し、彼は真逆で、壊れそうな吊り橋をスキップして渡るような人でした。要するに、彼は自己肯定感に繋がるものを、幼少期にお母さんからたくさん受けて育ったわけですね。

たとえば「あなたはお友だちがたくさんいるし親切だから、将来はみんなで力を合

わせて夢を叶えられるよ」とか、「あなたは本番に強いから、練習では100%の力が出し切れなくても、本番ではきっと120%の力が出せるよ」といった前向きな言葉。

こういった言葉には、誰でも勇気づけられるものであり、自信が持てるようになるものです。

子どもの場合は特に、親のそういった言葉がよりどころになり、「お母さんがそう言ってくれた」ということが、根拠のない自信にも繋がるので、子どもにとってよりどころになるような言葉はどんどん残していきましょう。

子どもはいつか親元を離れますが、「親の言葉は、一生子どもに寄り添い続けられるもの」でもあるのです。

言葉で上手く伝わらないときは、親がやってみせる

子どもは、わかっていても同じことを何度も繰り返してしまいがち。それは、いろいろなことに夢中になっているからであって、つい忘れてしまうのです。

なので、たとえばお母さんから「この前も言ったでしょう」と言われたときに、本人はそこで「はっ、そうだった」と気づきます。

要するに、怒られている理由も自分がしなくちゃいけなかったことも、何となくわかってはいるのだけれど、どうしたらいいのかがわかりません。

そんな状況があるときに、「なぜうちの子は、何回も同じことを言っているのに、ちゃんと言うことを聞いてくれないんだろう?」と思いますが、**「子どもが理解できるようにちゃんと伝えているか?」と自分に問うことも必要**です。親が伝えたいこと

を、子どもの側の立場でも理解できるように伝えるということも大切です。

日本の海軍軍人の山本五十六（いそろく）さんの「やってみせ、言って聞かせて、させてみて、ほめてやらねば、人は動かじ」という格言をよく引き合いに出すのですが、これがまさに子育てにも当てはまります。

言葉で上手く伝わらないときは、やってみせることも大切。お母さんが「こうやってやるのよ」と言ってやってみせてあげて、子どもに「ちょっとやってごらん」と言ってさせてみて、「そうそう、上手上手」と言ってほめる。

もう一つ、山本五十六さんの先ほどの言葉は、「話し合い、耳を傾け、承認し、任せてやらねば、人は育たず……」と続くのですが、これは大人の私たちの仕事現場でも言えることですね。

「その場しのぎの言葉がけ」をやめる

とっさに出てしまう「その場しのぎの言葉」は、同じことの繰り返しです。時間がないからといって適当な受け答えをしてしまうのは、お互いにとっていいコミュニケーションとは言えません。

悪循環のパターンを卒業してステップを上げていくために、「物事を解決するための言葉」に言い換えていくことや、「子ども自身に考えさせるような言葉」が重要になってきます。

強制するのではなく「提案型の言葉」にして、子ども自らの考えのもとに行動できるようにしていけば納得性も高くなり、親子のコミュニケーションの質を向上させるような言葉がけになっていくはずです。

基本的には、**理性的に受け答えして、感情的に返さずに子どもと同じ目線で話す、同じ土俵に上がることが大切**だと思っています。

急いでいるときや時間がないとき、あるいは出先などの様々な場面において、子どもからの問いかけを受け流してしまったことは誰にでもあるはずです。

たとえば、「今はそんなに時間がないのよ」とか、「まわりの人に迷惑をかけないようにね」ならまだしも、「やめなさい！」「何やってるの！」「もう知らない！」といったように、**親の気持ちに余裕がなくなってくると、どんどん感情的になり、堂々巡りになってしまいます。**

状況によってつい出てしまう言葉はあると思いますが、**子どもに対しても、なるべく丁寧に説明したり、なぜそう言うのかという理由を伝えてあげることが大切**です。

「読み聞かせ」は、子どもに親の愛情をダイレクトに伝えられる

私はよく親御さんに、**「親子のコミュニケーションには『読み聞かせ』が有効であること、そしてお子さんを本好きに育てましょう」**とお話しします。子どものうちから本と仲良くしていれば、大人になってからも心を成長させてくれるからです。

特に**寝る前の読み聞かせ**には様々な効果があって、**幼児期であれば単語を覚えるのにも効果的ですし、頭の中でイメージする力や集中力を養うこともできます。**スマホなどで動画を見ているだけでは、なかなかそうはいきません。

さらに、**相手の話を途中で遮る(さえぎ)ことなく静かに聞けるようになる**ので、**人の話を聞いて理解しようとする姿勢**が生まれてくるでしょう。

1日15分程度の短い時間でも、週に3回程度を目安に行うことによって、**よい学習**

態度も自然と身についていくはずです。

読み聞かせの何がいちばんいいかというと、**どんな状況でも子どもに親の愛情をダイレクトに伝えられる点**です。

たとえば小学2年生ぐらいのお子さんと、３歳ぐらいのお子さんがいるとしたら、どうしても下の子に手がかかってしまいますよね。

そんなときこそ、**上の子に「先にあなたと一緒に本を読もうかな」と言って、15分ぐらい読んであげる**ことです。

そうすることで、弟あるいは妹に手がかかりっきりのお母さんに対して、上の子は**「自分のことを忘れたわけじゃない。ちゃんと大事に思ってくれているんだ」**という実感が持てるようになるのです。

親子で守る「約束やルール」を決める

ルールというと、一方的に決められたことを守らなければいけないイメージがありますが、ここでは**「お互いにとってのルール」のこと**です。

要するに、**「子ども側だけが守らなければいけないのではなく、親も守らなければいけない約束」**でもあります。

私は中学校を卒業するまで両親に叱られたことがありません。そのバックボーンには、小学校低学年の頃、我が家に**「七田家4カ条」**というルールができて、**「わがまま、意地悪、嘘、反抗」は許しません、守らなかったら叱ります**と宣言されたことがあるのです。

たとえば「わがまま」は、「それは自分勝手にやっているのか、理由があるのかどうかを自分で考えなさい」といったものでした。それから「意地悪」や「嘘」をつくのも禁止。「反抗」は、親に口答えをしてはいけません、という意味でした。

先ほどもお話ししましたが、**これらは親にとってのルールでもある**のです。ですから仮に、子どもが学校のテストで0点を取ってきたとしても、４つの項目に当てはまらないので叱ってはいけないというわけですね。

親子の関係性の話で言うと、**親という生き物は、知らず知らずのうちに、我が子に甘えてしまう**ものなんです。

「あなたとの約束やルールは必ず守るよ」という親の姿勢が伝われば、子どもの側も「お母さんの頼みならちゃんと聞こう」と思ってくれるはず。

そうなったら、途端にいい関係になると思います。「言うことを聞いてくれない」という子育ての悩みの大半は、これで解決するんじゃないでしょうか。

子どものうちから「片づけの習慣」をつける

完璧でなくてもいいので、**子どものうちから片づける習慣を身につけておきましょう。**片づけに対して苦手意識を持ってしまうと、大人になってから一人暮らしをするときに大変苦労します。

また、**部屋などの空間を片づける以外にも、仕事をするときのだんどりなどに影響する**場合もあります。

子どもの場合、**片づけが苦手なのではなく、単に片づけ方がわからないから片づけられない**というだけです。なので、**片づけの基本は「元々あったところに返すことだよ」**と教えてあげてください。

最初の1回は、親が決めてあげるといいでしょう。**いちばんいい方法は、親の片づ**

けを子どもに手伝ってもらうことです。

それは、お母さんが子どもに「これはそこにしまってね」と言いながら片づけるので簡単なのですが、次のステップでは「今度はあなたの部屋の片づけを手伝ってあげるわね」と言って、**お母さんが「これはどこにしまうんだっけ？」と子どもに質問をしながら手伝ってあげる。**

そうすると子どもは「ここにしまうよ」「こっちにこうやって片づけるよ」と、結果的に**自分で決めたルールに従って片づけられるようになります。**

それから、**純粋に常に片づけられている状態だと、部屋や空間が心地いい**と感じるようになります。これが重要で、雑多な状態に見慣れていると「片づけなきゃ」という気持ちにはなりません。

「綺麗に片づいていると気持ちがいいよね」という感覚を共有しながらできるといいですね。

子どもは、一生親のそばにいるわけではない

言葉がけの上位概念には、「愛・厳しさ・信頼」があります。これを私は「七田式子育て三種の神器」と呼んでいて、背景には、「子どもは、一生親のそばにいるわけではない」ということがあります。いつかは親元を離れていくのです。

子どもが親元を離れるまでの間に親がやるべきことは、「あなたが生まれてきてくれて嬉しかったよ」「いつもあなたのことを大事に思っているよ」と伝え続けることです。

そこには、ダメなことはダメと厳しく、親がそばにいなくても正しい善悪の判断ができ、多少足を踏み外しそうなことがあっても、「この子なら大丈夫」という信頼感がベースにあることです。

親の言葉というのは、子どもにダイレクトに影響します。そこを覚えておいてください。

また、子ども自身は、成長と共に普段の行動パターンがどんどん変わっていくので、「もう小学生なんだな」「もう中学生か」といったように自然と意識が芽生えるものですが、親のほうはそういった意識が希薄になりがちです。

たとえば、子どもが保育園の年長さんから小学1年生になったのに、つい幼児のときと同じように接してしまい、子どものほうは「うざい！」となってしまいます。

親が過干渉になってしまうのは、子どものステージが変わったことを認識できていない場合があります。その点を意識するだけで、子どもの成長を認め、過干渉が減ることにも繋がります。

そういった親の意識が、子どもの健やかな「巣立ち」に繋がっていくのです。

第2章から第6章までの言い換え言葉の使い方

それでは、第2章から第6章まで、具体的なシーン別の言葉がけについてお話ししていきます。

家庭生活でのふだんの言葉、家庭生活でのしつけの言葉、勉強や習い事における言葉、子どもがうまくやれなかったときの言葉、外出先でのトラブルで思わず出てしまう言葉、という5つのシチュエーションにおいて、どの家庭でも起こりうる出来事をピックアップいたしました。

右がネガティブ言葉で、それを言い換えた左が、本書でおすすめするポジティブ言葉です。

言い換え言葉は、一例です。

第1章や解説で、なぜこうした言い換えが大事なのかをご説明していますので、それをもとに、あなたが「自分だったらこう言い換える」と思う言葉に変えてみるのもいいでしょう。

「言い換え例」なども参考に、いろいろチャレンジしてみてください。

第2章

家庭生活での
ふだんの言葉

家庭生活でのふだんの言葉は、あまり意識しないため、つい無意識で言ってしまいがちです。

子どもの成長の基本になるので、しっかり意識して使うようにしたいものです。

ネガティブ言葉 ×

早くしなさい！

ポジティブ言葉 ◎

時計の短い針が

○○になったら出かけるよ

解説

学校や習い事に遅れそうなときや休日のお出かけのとき、この言葉が出てしまう場面はたくさんあると思います。

そもそも子どもは、時間の概念や感覚が未成熟。「間に合う、間に合わない」といった状況を想像することは難しいのです。

ですからここは発想を変えて、子どもには簡単に認識できる**「具体的な目標」を指示する**ほうがいいでしょう。

つまり**「時計の短い針が○○になったら出かけるよ」**といった言葉がけです。「○○」に入るのは、そのときどきの時間を表す数字です。

時計を見ながら「30分」や「1時間」といった時間の単位をきちんと身につけるためにも、ご自宅ではアナログ時計がおすすめです。

【言い換え例】

時計の短い針が5時になったら買い物に出かけるよ

ネガティブ言葉 ✕

○○したら、□□をあげるよ

ポジティブ言葉 ◎

お母さんと約束した○○を

ちゃんとしたあとで、□□をしようね

解説

親が子どもと約束したことをちゃんと実行させるために、「○○したら、□□をあげるよ」のように**「もので釣る言葉」**を使ったり、反対に「○○しないなら、あげないよ」といった**「交換条件」**を出すのはおすすめしません。

「何かをもらえるからする」ことを子どもに許していると、「約束を守ることの意味や大切さを学ぶ機会」を子どもから奪ってしまいかねません。

しかしながら、子どもは親との約束をつい忘れてしまい、自分がやりたいことを優先してしまうもの。

なので、親との約束を守らない場合は、**「お母さんと約束した○○をちゃんとしたあとで、□□をしようね」**といったように、**子どもに「約束を守ることはとっても大事なこと」ということをしっかりと理解させることが大切です。**


【言い換え例】

明日の学校の準備が終わったあとで、テレビを見ようね

ネガティブ言葉

片づけないなら、捨てちゃうよ ✕

ポジティブ言葉

お母さんが○○をあずかります ◎

解説

この場合は「捨てる」ですが、「おやつはあげない」など、実際にするつもりがないことは、子どもには言わないほうがいいでしょう。

何回かやると「どうせそんなことはしない」とか、「お母さんはいつも言っているだけ」と見抜かれてしまいます。

たとえば日中だったら、**「片づけが終わるまで、お母さんがゲーム機をあずかります」**と宣言します。

そうなると、子どもにとっては大好きなゲームでしばらく遊べなくなってしまうので、「じゃあ片づけなきゃ！」となるわけです。

要は、子どもに**「お母さんはやると言ったらやるから、ちゃんと言うこと聞かないとまずいぞ」と思ってもらう必要がある**ということですね。

【言い換え例】

宿題が終わるまで、お母さんがマンガをあずかります

ネガティブ言葉

早く寝ないとおばけが出るよ ✕

ポジティブ言葉

お布団に入ったら、○○をしてあげるね ◎

解説

寝る時間になってもなかなか布団に入ってくれないとき、どんな言葉をかけていますか。

「早く寝ないとおばけが出るよ」と脅しても、子どもが成長するにつれ、「おばけなんてくるはずないよ」「おばけなんかいないもん」と効き目もだんだん薄れていきます。

一方で、子どもを脅かしたばかりに、一人でトイレに行くのを怖がるようになってしまって、夜中に起こされて苦労するなんてことがあるかもしれません。

寝るときの言葉がけで大事なのは、デメリットや怖いことを言って脅かすのではなく、「眠るまでそばにいるよ」など、メリットやうれしいことを伝えて、子どもに「寝るのは楽しい」と思ってもらうことです。

【言い換え例】

お布団に入ったら、好きな絵本を読んであげるね

ネガティブ言葉 ✕

もうゲームはやめなさい！

←

ポジティブ言葉 ◎

ゲームは○時までの約束だったよね？

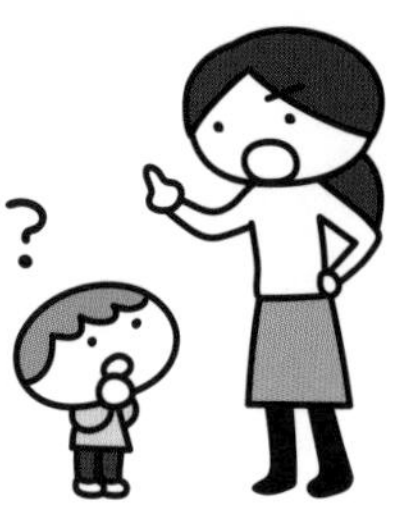

解説

あなたは、ゲームに対してどんな感情を持っているでしょうか。ゲームをいったん始めるとなかなかやめない子どもにイライラして、頭から「もうゲームはやめなさい！」と怒鳴っていませんか。

今やゲームは、子どもの生活に切っても切れないアイテムです。ならば、**「1日○時間まで」「夜8時以降はやらない」「宿題が終わってから遊ぶ」といったように、ルールを決めたうえでゲームで遊ぶ**ことが最善策と言えるでしょう。

もう一つ、ゲームのストレスを根本的に解決する方法があります。それは、**ゲームに匹敵するくらい楽しいと思える物事を子どもと一緒に探して、選択肢を与える**ということです。

「ゲーム以外にも楽しい世界はたくさんあるよ」と、子どもが興味を持つきっかけをつくってあげるのも、大切な親の役目です。

【言い換え例】
ゲームは8時までの約束だったよね？

ネガティブ言葉 ✕

もう寝ないと、
明日起きられないよ

⬅

ポジティブ言葉 ◎

明日は、新しい靴で学校に行けるね

解説

親としては、次の日も学校があるから早く寝かせなきゃと焦る気持ちはあるものの、子どもからすると、寝なさいと言われても、好きなゲームなどをしていると、なかなか寝る気になりません。

そんなときは、明日の朝ごはんに好きなものをつくることを伝えたり、新しい服や靴をおろすタイミングであれば、「新しい靴がはけて楽しみだね」と言って、**翌朝の登校の楽しみを想像させることで、子ども自身に自ら「早く寝よう」と思うように働きかける**のがいいでしょう。

子どもに対するすべての**言葉がけの基本は、ポジティブな言葉**です。「○○しないと～」というネガティブな言葉は、親の押しつけ言葉になりがちです。

そうではなく、**「○○が楽しみだね」などというポジティブな言葉を使うことで、子どもに想像力や自発性が育つ**のです。

【言い換え例】
明日の朝ごはんは、大好きなオムレツだよ！（だから早く寝ようね）

ネガティブ言葉 ✕

なまけ者だね

←

ポジティブ言葉 ◎

今、○○しないで、
ゆっくりしていていいのかな？

解説

どんな状況であれ、**子どもに対して「なまけ者」というレッテルを貼るのはよくありません。その一言が、子どもに大きなトラウマを抱えさせるきっかけになりかねません。**

子どもが宿題をやらない、学校で決まった課題をこなさず、テレビを見たり、マンガを読んで遊んでばかり、今やるべきことをやらないといった場合は、**「子ども自身が、今何を優先すべきかを考え、行動したらいいかという気づきを促すような一言」**をかけるといいでしょう。

昔から、「よく学び、よく遊べ」と言われます。人生においては、勉強よりも遊びのほうが大切なときもあるでしょう。だからといって、遊んでばかりでも困ります。

大事なことは、**子ども自身に、その両方のバランスをどのように取ればいいかを学ぶきっかけを与える**ことです。

【言い換え例】

今、テスト勉強をしないで、ゆっくりしていていいのかな？

第3章

家庭生活でのしつけの言葉

家庭生活でのしつけの言葉は、
子どもが小さいときほど意識過剰になりがちです。
「ここでしっかりやらないと！」と肩ひじをはらず、
子どもとしっかり向き合いながら対応してみましょう。

ネガティブ言葉

お兄ちゃん（お姉ちゃん）なんだから ×

ポジティブ言葉

あなたにも同じような時期があったのよ ◎

解説

これは、よく耳にしそうなフレーズですね。昔から「長幼の序（年長者と年少者の間で当然守るべき社会的・道徳的な秩序のこと）」という年長者を優先すべきとする考え方がありますが、子育てにおいて年長者だからといって、常に後回しにされて我慢しなければならないのは、いかがなものでしょうか。

しかしながら実際には、幼い下の子は手がかかり、上の子とのコミュニケーションはどうしても後回しになりがち。

そんなときは、**子どもの目を見ながら、たとえば「あなたにも○○ちゃんと同じような時期があったのよ」などとやさしく語りかけてみてください。大切なのは、「あなたのことはちゃんと見ている」という親の気持ちをしっかりと子どもに伝える**ことです。その行動が、親子の強い絆を育むのです。

【言い換え例】
あなたのことはちゃんと見ているよ

ネガティブ言葉 ×

夢みたいな話ばかりしないでね

ポジティブ言葉 ◎

その夢いいわね。応援するよ

解説

毎日の子育てというのは「夢育て」です。**親が子どもに対してできることは、応援すること。**

子どもと一緒に目標を立てたり、実現に向けた過程を考えたりしてあげてください。そして、夢を叶えるためには努力が必要だという大事なことを伝えることです。

夢を否定してしまうことは、子どもの中でせっかく育ったポジティブな芽を摘んでしまうようなものです。それがとてつもなく大きな夢だとしても、ここはぜひ一緒に夢を見てはいかがでしょうか。

途中で挫折しても、夢が変わってもいいんです。**何かに一生懸命になって努力したことは、決して無駄にはなりません。**その子の人生において、必ずプラスになるのですから。

【言い換え例】
どうやったら、その夢は叶うと思う？

ネガティブ言葉 ×

あなたのためを思って言っているのよ

ポジティブ言葉 ◎

あなたはどう思ってるの?

解説

「あなたのためを思って言っているのよ」という言葉は、一見相手のことを思いやっているような言葉に聞こえますが、これは**「しつけ」ではなく、いわゆる「押しつけ」**というものです。

親子であっても、価値観や考えていることは、当然ながらそれぞれに違います。親の価値観や考えが必ずしも子どものためになるかどうかは、そう簡単にわかるものではありません。

だからこそ、まずは**「あなたはどう思ってるの？」**と問いかけることのほうが大切です。

「子ども自身がどんな考えを持っていて、どうしたいのかをちゃんと知る」ことで、何がその子のためなのかが初めて見えてくるのではないでしょうか。

【言い換え例】

○○ちゃんはどうしたいの？

ネガティブ言葉

パパに言いつけるよ ×

ポジティブ言葉

ママは○○と思うよ ◎

解説

なかなか言うことを聞かない子どもに対して、お父さんを怖い存在として引っぱり出し、脅かすような行為はよくありません。

今回のケースでは、**「ママは○○と思うよ」と「お母さんご自身の言葉」できちんと伝えてあげてください。**心理学では、**「アイメッセージ」と言って、「I＝私は（が）」を主語にして相手に自分の意思や要望を伝える**テクニックです。

「私は～と思う。だからあなたに○○してほしい」のような話し方は、私を軸にした意思表示のため、強制感を減らし、相手に要望を伝えることが可能です。

親子の信頼関係を築くために、子どもに対して「親の気持ちを伝える」ということはとても重要です。ついきつい言葉遣いをしてしまいがちな人におすすめの方法と言えるでしょう。

【言い換え例】

ママは、あなたが○○してくれると助かるな

ネガティブ言葉 ×

あなたって意地悪な子ね

↓

ポジティブ言葉 ◎

自分が同じことをされたらどう思う？

解説

子どもが、お友だちなどに意地悪な行為をしたのを見て、叱るときの言葉です。あらためて言いますが、叱るときの大前提として、**子どもの人格を否定してはいけません。**それから**「○○な子」とレッテルを貼ることも控えましょう。**

子どもにとって親の言葉の影響は大きく、「意地悪な子」や「悪い子」と言われると開き直ってしまったり、「良い子」と言われると親や他人からの評価ばかりを気にするような子どもになりかねません。

ここでは、**子どもがとった「意地悪な行為」が好ましくないので、そこに焦点を当ててください。**

ですから、「自分がされて嫌なことは相手も嫌だ」ということを理解させることです。**相手の立場に立って考えることの大切さを伝えましょう。**

【言い換え例】
自分がされて嫌なことは相手も嫌なのよ

ネガティブ言葉
そんなことする子は好きじゃないな ×

ポジティブ言葉
そういうことはやめようね ◎

解説

よくない行為に対して、子ども自身を「好きじゃない」と否定するのはよくありません。フォーカスするのは人格ではなく、「好ましくない行為」にしましょう。

子どもを叱ったり注意したりするときに、冷静になってみると、その原因の多くは子どもの行為です。

たとえば、子どもが家の中でボールを投げて遊んでいるとしたら、まずは「家の中でボール遊びはやめようね」と伝えます。

そこから「家の中でやると、大事なものが壊れちゃうかもしれないからね」などと話し、よくない行為の理由を理解させます。

そのうえで「ボール遊びは広いところでしようね」と、してもいい場所を提案することで、やっていい場所といけない場所の区別がつくのです。

【言い換え例】
ボール遊びは広いところでしようね

ネガティブ言葉 ×

今日からテレビ禁止！
ゲーム禁止！

ポジティブ言葉 ◎

一緒にルールを決めようか

解説

「今日からテレビ禁止！」などと、とうていできそうもないことを掲げるのはおすすめできませんし、「お父さんやお母さんはいいけどあなたはダメ」というのも、子どもの立場からすると不平等に感じますよね。

いちばんよい解決策は、**「子どもの意見を取り入れて相談しながら、一緒にルールを決める」ことです。**

また、「なぜルールを決めるのか」「そのルールを自分はちゃんと守れるのか」など、ルールの意味も併せて伝えておくといいでしょう。

たとえば、ゲームをしていて約束の時間を過ぎて叱られたとしても、親が一方的に決めたルールではなく、子ども自身が決めたルールでもあるので、ちゃんと納得してくれるはずです。

【言い換え例】

○○ちゃんは、どんなルールにしたい？

ネガティブ言葉 ×

どうしていつも迷惑ばかりかけるの？

ポジティブ言葉 ◎

困っている人がいるのがわかる？

解説

感情が高揚していると混同してしまいがちですが、「怒る」と「叱る」は違います。**怒るは、感情的に自分のイライラや怒りをぶつけるもの。叱るは、相手のためを思いアドバイスをしたり注意をしたりするものです。**

ついカッとしてしまう場面は誰もがあると思います。

そんなとき、「どうしていつも迷惑ばかりかけるの?」と、ただ怒りの感情をぶつけてはいませんか。まずは一呼吸置いて心を落ち着かせてから、発言したり行動してみてください。

子どもが迷惑な行為をした場合、「どういうことが人の迷惑になるのか」を伝えたうえで、「困っている人がいる」ということを教えてあげましょう。ここでも、「相手の気持ち」を考えることの大切さを伝えるチャンスです。

【言い換え例】

困っている人の気持ちを考えてみようか?

第 4 章

勉強や習い事における言葉

勉強や習い事における言葉は、学年が上がるにつれ意識してしまいがちです。
つい、成績や順位、ほかの子どもたちと比較するなど、結果ばかりにとらわれがち。
結果よりも日ごろのがんばる姿をほめてあげることです。

ネガティブ言葉

早く勉強しなさい！ ✕

ポジティブ言葉

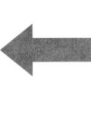

勉強は、○○の前と後とどっちにする？ ◎

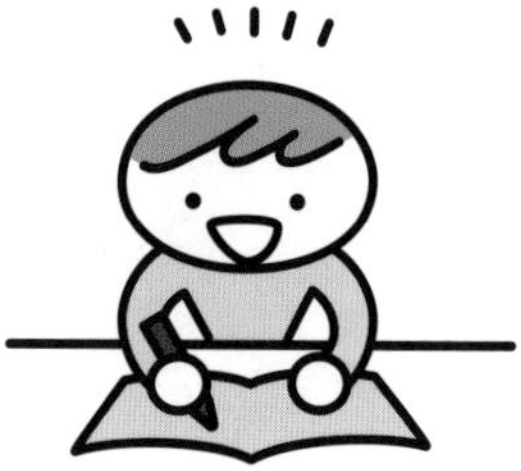

解説

命令されたり指図されたりしたら、誰だって反発したくなりますよね。それに勉強は強制されてするものではありません。

ですからここは、**「勉強は、○○の前と後とどっちにする？」**という二択で質問するのはいかがでしょうか。

AかBの好きなほうを選ばせるというのは、子どもの考えを尊重することにもつながります。

それによってすんなり解決することも多く、この言葉がけは日常の様々な場面において有効です。

別の方法としては、親が隣で本を読んだり、書類を広げて仕事を始めたりするのも、「そろそろ自分もやらなきゃ」と、子どもの行動のきっかけを促す場合があります。

【言い換え例】

勉強はおやつ（ごはん）の前と後とどっちにする？

ネガティブ言葉 ×
100点はすごいね！

ポジティブ言葉 ◎
よくがんばっていたものね

解説

テストの点数はどうであれ、**子どもが努力したことに対しては、「よくがんばっていたものね」と、子どもの努力していた姿をほめる言葉をかけてあげてください。**

親が、１００点という高得点を取ることだけに固執してしまうと、子どもは、努力してがんばったことでも自信が持てなくなり、それどころか「自分はダメなんだ」と思うようになりかねません。

苦手なことにチャレンジした結果、60点や70点だったとしても、それは十分に価値のあること。

結果も大事だけれど、**人を成長させるのは過程です。子どもの努力を親がそばで「ちゃんと見ていたよ」と伝えることで、子どもは自己肯定感を得られます。**

【言い換え例】
一生懸命な姿を見ていたよ

ネガティブ言葉 ×

何をやってもダメな子ね

ポジティブ言葉 ◎

苦手なことがあってもいいんだよ

解説

人を否定する言葉は、どんなときでも禁句です。たとえば、あなたが職場の上司から「何をやらせてもダメなやつだな」と言われたら、どう感じるでしょうか。ましてや純粋な子どもが受け止めるには、重すぎる言葉です。

勉強でうまくいかないときは、**「苦手なことがあってもいいんだよ」と寄り添い、勇気づけてあげましょう。**

私自身、子どものころ、苦手なことに四苦八苦していたときに、父親から、**「これだけは誰にも負けないというものをつくるといい」**とアドバイスを受けたことがあります。これが不思議とやる気が生まれる魔法のような言葉で、その後の人生における心のよりどころにもなりました。**誰にでも、得意なことや好きなことが必ずあるもの。そこを伸ばすことのほうが大事です。**

【言い換え例】

自分の得意なことをつくろう

ネガティブ言葉 ×

○○くん（ちゃん）はもうできるのに

←

ポジティブ言葉 ◎

焦らなくても大丈夫だよ

解説

学校や習い事の教室で、「○○くんはもうできるのに、うちの子はまだできない」と比較したり、「お兄ちゃんは、あなたくらいの頃にはできていたわよ」と成長の基準を設けたりするのはナンセンス。百害あって一利無しです。

子どもには一人ひとり個性があって、得意なことと不得意なことがあります。不得意なことは本人も十分自覚していますから、**「焦らなくても大丈夫だよ」**などの言葉がけをしましょう。

さらに、**その子が努力したことや得意なことに目を向けて、小さなことでもいいのでたくさんほめてあげてください。**

親は、子どもにとっていくつになってもいちばんの応援団であり、よき理解者であってほしいと心から願っています。

【言い換え例】

今日はこれができたね。すごいね

ネガティブ言葉

まだ無理よ ×

ポジティブ言葉

まずは○○からやってみようか ◎

解説

何でも先入観だけで「無理」と決めてしまわないことです。自分が無理だと思っていても、お子さんは違うかもしれません。それに否定しただけで何もしないのは、親としていかがなものでしょうか。

基本と応用があるとして、「いきなり応用から入るのは無理よ」という意味だとしたら、**「まずは○○からやってみようか」と最初のステップを提案**してあげましょう。

子どもがやりたいと思っていることのハードルを低く設定したり、「ここからチャレンジしてみてはどうか」と、実現するためのアドバイスをしたりしながら目標に向かって一緒に考えるのが、親がしてあげられることではないでしょうか。

子どもはそんな親の言葉で、新しいことにチャレンジする大きな勇気をもらえるのです。

【言い換え例】

ここからチャレンジしてみてはどう？

ネガティブ言葉 ×

やるって言ったのに嘘つきだね

ポジティブ言葉 ◎

今からでもやったらどう？

解説

想定できる場面としては、お母さんが「ちょっと買い物に行ってくるから、その間に宿題をすませておくのよ」と言い、子どもが「うん、わかった」なんてやり取りをした後、お母さんが帰ってきてみたら、宿題をせずにでゲームをして遊んでいたという状況です。

そのときに、「嘘つきだね」という言葉だけでは何も生み出しません。仮に、子ども自身が「やらなきゃ」と思っていたとしても、こう言われてしまっては、やろうという気持ちもしぼんでしまいます。

それよりも、**「困るのはあなたでしょ。今からでもやったらどう？」と子ども自身に考えさせることのほうが大切**です。自らやる子に育てるためには、こうした失敗を経験させることも必要です。

【言い換え例】
どうしたらいいか、自分で考えてごらん

ネガティブ言葉 ×

うちの子なんか
大したことありませんよ

ポジティブ言葉 ◎

○○くん（ちゃん）もすごいですね

解説

たとえば、同じクラスに子どもがいる親同士の授業参観で、友だちの親から自分の子どもがほめられたときに返す言葉です。これは完全に誤った謙遜の仕方というか、非常に残念な言葉です。

我が子がほめられたら誰だって嬉しいはずなのに、どうしてこんなふうにわざわざ否定するのでしょうか。

相手もポジティブな言葉をかけてくれているのですから、**まずは「ありがとうございます」と素直に受け取りましょう。その後に「○○くんもすごいですね。積極的で、ハキハキとして！」などと言って、相手のお子さんのこともほめればいい**のです。**「ほめられたらまずは受け取る。そして相手をほめる」**が、気持ちいいコミュニケーションの基本です。

【言い換え例】

○○くんもがんばってますよね

ネガティブ言葉 ✕

緊張するなんて、案外気が小さいのね

↓

ポジティブ言葉 ◎

大丈夫よ！　がんばったんだから

解説

テスト前の子どもに緊張を増幅させるような言葉は問題外です。「自信を持って」と背中を押すような励ましの言葉もいいのですが、プレッシャーを感じやすい子どもに対しては、**「大丈夫よ！　あれだけがんばったんだから」と、まずは少しでも安心できるような言葉をかけてあげたい**ですね。

そのためには、「がんばった過程を親自身も一緒に見守り、把握していることが前提」になってきます。

また、本人が「失敗したらどうしよう」と悪いほうにばかり考えていると、どんどん不安になってしまいます。

ですから**「うまくいったときのことを想像してごらん」**と言って、気持ちをいいほうへと切り替えてあげましょう。

【言い換え例】
うまくいったときのことを想像してごらん

ネガティブ言葉 ×

お友だちに負けないように
がんばりなさい

ポジティブ言葉 ◎

自分のベストが出せるといいね

解説

人は人、自分は自分。お友だちとの勝ち負けよりも、**その子にとってのベストや納得のいく成果が出せれば、それで十分です。**

子ども同士がお互いに切磋琢磨しながら成長できるのはいいことですが、子どもよりも親のほうがお友だちとのライバル意識や競争意識を持ったり、順位にばかりこだわったりするのはやめましょう。

また、**比較していいのは他人ではなく「過去の自分」だけ**であり、勝ち負けを競い合うのはスポーツのときだけ。**過去の自分をどれだけ超えられるかが重要**なのです。

順位や結果だけにとらわれることなく、自らが向上心を持って取り組むことの大切さを、子どもが小さいうちから折に触れて伝えていきたいものです。

【言い換え例】
がんばった甲斐があるといいね

第 5 章

子どもがうまくやれなかったときの言葉

子どもがうまくやれなかったときの言葉は、親のショックが大きいため、つい乱暴になりがちです。とっさに出る言葉も多いため、一呼吸置きましょう。まずは、子どもの気持ちに寄り添い、言葉を選びたいものです。

ネガティブ言葉 ×

どうしてこんなことも
できないの!?

ポジティブ言葉 ◎

どうすればよかったんだろうね

解説

親というのは、自分が得意なことに対しては「子どももできて当たり前」と思ってしまいがちです。ゆえに、子どもにとってはハードルが高くても、このような言葉が出てしまうのです。

さらには、**「私の子ならできるはず」といった勝手な思い込み**も生じます。

一方で、自分が苦手なことに対するハードルは低く、**すべてにおいて「自分が基準」**になってしまいがちです。

まずは、その子にとって何が難しいのか、どこでつまずいてしまうのかを知るために、同じ目線に立ってみましょう。

そこから**「どうすればよかったんだろうね」などと、子どもと一緒に乗り越えるための方法を探す**ことです。

【言い換え例】
一緒に考えてみようよ

ネガティブ言葉 ✕

何やってるの!?

ポジティブ言葉 ◎

こうすればいいんじゃない?

解説

たとえば、子どもに何かお手伝いをお願いして、大人の想像を超えるとんでもない方法でやっていたときに思わず出てしまう言葉。

ただ、子どもにしてみれば、悪気もなければ、「何がダメなの？」とキョトンとしている状況です。

「何やってるの!?」と語気を荒げて責めるだけでは何の解決にも結びつきません。

なので、**子どものやり方にどんな問題があるのかを教え、「こうすればいいんじゃない？」とアドバイスしてあげてください。**

子どものやり方を頭ごなしに否定せず、別の方法をアドバイスすることで、「こっちのほうがちゃんとできる」ということを子どもに納得させることが大切です。

【言い換え例】
こういうやり方でやってみようか

ネガティブ言葉 ×

○○をしたらダメって言ったでしょ!?

ポジティブ言葉 ◎

○○をしたらどうなると思う?

解説

ダメと言っていたにもかかわらず、子どもが我慢できずにそれをしてしまった結果、まずいことになってしまったという状況ですね。

その場合は、**「なぜやってはいけないことなのか」という理由を大人が説明していたかどうかも重要なポイント**です。もしかすると、「そこまで説明してくれていたらやらなかったのに」という子どもの言い分もあるかもしれません。

あらゆる経験が少ない子どもには、「これをしたらどうなるか」を想像させることが親の使命でもあります。

子どもにやってはいけないことを伝えるときは、普段からどこまで理解しているかを知るために、**「○○をしたらどうなると思う？」といった質問を投げかけたり、別の方法を一緒に考えたりするのもいい**でしょう。

【言い換え例】

どうしてダメなのかわかる？

ネガティブ言葉 ×

もう最悪！

ポジティブ言葉 ◎

辛かったね

解説

子どもが大きな失敗をしてしょげている状況です。思わず「もう最悪！」と子どもをなじってしまいがちです。

子ども本人も落ち込んでいるのですから、追い打ちをかける言葉は慎みましょう。叱ってしまいたくなるのをグッとこらえて、ここは一度冷静になって、**「辛かったね」などと「子どもの気持ちに寄り添ってみる」**ことです。

そのうえで、**「どんな状況だったのか」「どうしてそのような行動をとってしまったのか」**をたずねてみましょう。

それが再発防止の要です。

親に共感された子どもは、安心し、失敗を繰り返さないようになるでしょう。

【言い換え例】

うまくいかなかったね

ネガティブ言葉 ×

わかってる？
ちゃんと聞いてた？　できる？

↓

ポジティブ言葉 ◎

お願いがあるんだけど、
聞いてくれるかな？

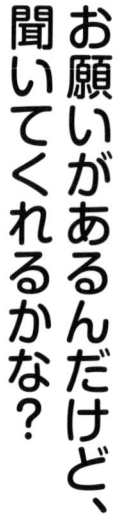

解説

たとえば「お買い物に行ってくるから、その間に○○しておいてね」といったように、ちょっとした頼みごとをしたいとき、やる気のなさそうな子どもに対して出てしまう言葉です。

ただ、こんなふうに畳みかけるように言われたら、子どもは「うるさいなあ」と聞きたくなくなってしまいます。

成長するに従い、子ども自身の中にも「それぐらいのことはちゃんとできる」という意識が芽生えていきます。そのため、親が必要以上に心配して、あれこれ言いすぎるとその気持ちが子どもにも伝わって、やる気をなくしてしまうのです。

「あなたのことを信頼しているよ」という気持ちを込めて会話することで、自然と子どもは耳を貸すようになるものです。

【言い換え例】
○○くん（ちゃん）ならできるよね。お願い

ネガティブ言葉 ×

きちんと片づけないから
そうなるのよ

←

ポジティブ言葉 ◎

次からはどうするのがいいと思う？

解説

ものが見つからなくて子どもが困っているときや落ち込んでいるときに、かける言葉ではありません。

なくした物や探し物が本人にとってすごく大事なものだったらショックは大きいでしょうし、「それみたことか」という言葉は何の解決にもなりません。

まずは、**一緒に探してあげて、同じことを繰り返さないために片づけの基本や整理整頓の大切さを教えましょう。**

そのうえで、**「次からはどうするのがいいと思う？」と、子ども自身に解決策を考えさせてください。**

そうすることで、「ものを出しっぱなしにするのはよくない」「元の場所にきちんとしまおう」などといった知恵につながっていくのです。

【言い換え例】

どうやったらうまくいくかな？

ネガティブ言葉 ×

そんな子は、うちの子じゃない！

ポジティブ言葉 ◎

どうしたの？　あなたらしくないよ

解説

「罪を憎んで人を憎まず」という言葉があるように、**「その人自身とその人のした行為を分ける」**という考え方を持っておくといいでしょう。

子どもが言うことを聞かず反発したとき、思わず「そんな子は、うちの子じゃない！」と言ってしまうことがあるかもしれません。でも**その言葉は、子どもの存在や人格を否定している**ことになります。

でも**「あなたらしくないよ」というのは、「よくない行為に対する発言」なので、子どもは自らの行為に対する反省のきっかけを与えられる**のです。

子どもを叱るときに大事なのは、「人格そのものは肯定している」ことが前提です。

それがあるからこそ、子どもは「ママは、僕のことが嫌いになったわけじゃなく、やったことを怒っているんだ」と理解し、素直に親の忠告を聞き入れていくのです。

【言い換え例】
ママは、あなたの○○をしたことに対して怒っているのよ

第6章

外出先でのトラブルで思わず出てしまう言葉

外出先のトラブルで思わず出てしまう言葉は、周囲の目も気になって、ついおざなりになりがちです。また、感情的にもなりやすいので、注意が必要です。非日常の場合も多くあるので、普段から親子間でルールを決めたり、お手本を見せておくことで、外出先で何かトラブルがあっても解決の糸口が見つかるでしょう。

ネガティブ言葉 ✕
ちょっと待って！

⬅

ポジティブ言葉 ◎
あと○分だけ待ってね

解説

多くの大人たちが使う「ちょっと待って！」は、子どもにとって果てしなく長く感じるものです。

外出先で子どもから声をかけられて、どうしても手が離せずに対応が難しい状況であれば、**「あと○分だけ待ってね」と、子どもがどのくらい待てばいいのか、いつになったら応じられるのかをしっかり伝えましょう。**

もしくは、この言葉の代わりに、**いったん手を止めて、子どもの目を見て「どうしたの？」と聞く**ようにしたら、意外と時間もかからずに解決してしまった、なんていうことはよくあります。

親子の信頼関係やコミュニケーションのためにも、子どもの話だからといって後回しにしないことです。

【言い換え例】
○○が終わったらね

ネガティブ言葉

ちゃんとしなさい！　×

↓

ポジティブ言葉

お手本を見せるから、同じようにやってみて　◎

解説

外出先では、他人の目が気になるもの。つい出てしまう言葉です。

でも、どれだけ「ちゃんとしなさい」と言っても、「ちゃんとって何?」と返されてしまってはお手上げです。そんなときは、**子どもとの共通認識を持つためにも「具体的な指示」を明確に伝えてあげましょう。**

たとえば、「椅子にちゃんと座る」とはどういう状態か。まずは両足を床につけて、背筋を伸ばして前を向く。また、食事のとき、お茶碗は手に持って、テーブルに肘をつかない。これが「ちゃんとした食べ方」。

このように一つひとつの行動に対する**具体的な指示を明確に伝えたり、「お手本を見せるから、同じようにやってみて」と言って、やって見せてあげる**と、子ども自身も「ちゃんと」の意味を理解し、素直に聞いてくれるようになります。


【言い換え例】

これがちゃんとした○○よ

ネガティブ言葉 ×

いいかげんにしなさい！

↓

ポジティブ言葉 ◎

どうしていけないのかわかる？

解説

買い物中に「これが欲しい」と言って駄々をこねたり、あるいは「もう帰るよ」と言っているのにいつまでも遊んでいたり。「いいかげんにしなさい！」と言いたくなる気持ちはわかります。

さらには、何度も注意しているのに困った行動を繰り返していると、「勝手にしなさい！」「もう知らない！」となって、これは親の悲鳴にも近いと言えるでしょう。

でもこれらの言葉の何が問題かというと、**「なぜ注意するのか」という理由を子どもに伝えていない**ということです。

子どもの困った行動に対して感情をぶつけるのではなく、「なぜいけないのか」「どうしてほしいのか」を冷静に伝えることが大切です。

【言い換え例】
お母さんは○○してほしいな。できる？

ネガティブ言葉 ×

泣かないの！

ポジティブ言葉 ◎

どうしたの？

解説

子どもにとって「泣く」という行為は、必ず理由があります。普段はあまり感情を表に出さない子どもが外出先等で泣いたとしたら、それは親に対するSOSであったり、何らかのサインかもしれません。まわりの目も気になって、「泣かないの！」と強く言い切ってしまうのは危険です。

まずは、**「どうしたの？」と、泣いている理由を聞いてみる**ことから始めてください。

次に、**解決策を一緒に考えたり、寄り添ってあげる**など、親が何ができるのかを考えましょう。

一方で、「泣いたら許してもらえる／買ってもらえる」といったように、泣くことを行為ではなく手段として使っていたらそれは別の問題なので、見極めも重要です。

【言い換え例】

何が悲しかったの？

ネガティブ言葉 ×

あとでね

ポジティブ言葉 ◎

10分後にね

解説

この章の冒頭の「ちょっと待って」と同様に、子どもが「あとっていつ？」となるのは当たり前です。もっとよくないのは、「あと10分」と約束していたにもかかわらず、時間が経ったとき、重ねて「あとでね」と言うこと。

どのぐらい待てばいいのかを知らされないのは、子どもに限らず誰でも耐えられません。それが「10分後」なのか「1時間後」なのか。

具体的な時間の目安を初めから教えてくれれば、子どももそれまでにどうやって待てばいいかを考えることができます。

「○○分後にね」とか「○○が終わったらやろうか」など、具体的な時間の目安を伝えるのは、相手に対する最低限の配慮です。子どもであっても大人と同じように接する意識を持ちましょう。

【言い換え例】

○○が終わったらやろうか

ネガティブ言葉

困らせないで！ ✕

ポジティブ言葉 ◎

○○はできないけど、□□をするのはどう？

解説

たとえば、外出先で楽しみにしていた予定が突然できなくなった。子どもはがっかりして駄々をこねます。この場合、子どもは親を困らせようとしているわけではありません。気持ちのやり場がなくなっている状況。

また、「週末は海に行こう」と言っていたのが、家族の都合で行けなくなってしまい、「やだ！　せっかく楽しみにしていたのに！　絶対行く！」と言って取りつく島もない状況。

そんなとき、「困らせないで！」と言っても何も解決しません。**「今回は無理だけど、来週末に行こうか？」**、あるいは**「前にやりたいと言ってた○○をするのはどう？」などと別の提案をしてみてください。**

別のアイデアを子どもと一緒に考えて決めることで、納得してくれるはずです。

【言い換え例】
今回は残念だけど、来週末に行こうか？

ネガティブ言葉

えらいね　×

↓

ポジティブ言葉

◎相手のことを考えて○○できて、やさしいね

解説

「えらいね」は、よかれと思って使っている人もきっと多いでしょう。同じような言葉に「お利口だね」も挙げられますが、これらは大人にとって都合のいい言葉でしかありません。

そうではなく、**子どもの行為ともっと向き合って、「一人ひとりに合った言葉」をかけてあげてください。**

たとえば、外出先で他人を思いやった行動をしたら**「相手のことを考えて○○できて、やさしいね」**。また夏休みの早い段階で宿題に取りかかっていたら**「言われなくても計画的にできるんだね」**などと具体的にほめるようにしましょう。

それによって子どもは、**「自分のことをちゃんと見てくれている」**と感じられるようになるのです。

【言い換え例】
○○ができて、お母さんはうれしいな

ネガティブ言葉

さっきのあの態度は何？ ✕

↓

ポジティブ言葉

言いたいことがあるなら、ちゃんと話してね ◎

解説

この口調を見るに、子どもの機嫌が悪くてふてくされていたり、話しかけても無視するといったように、きっと目に余るようなよくない態度を取っていたのでしょう。とくに外出先で疲れてくるとよく見る光景です。

子どもに限らず、大人同士でも同じような状況はありますね。ただ、こうした苛立っている感情を言葉ではなく態度で表すというのは、相手に対する一種の甘えでもあります。

でも、「さっきのあの態度は何？」とイライラを子どもにぶつけるだけでは解決に結びつきません。

お互いにちゃんと目を見て、**「言いたいことがあるなら、ちゃんと話してね」といったように、対話へと発展していくように心がけましょう。**

【言い換え例】
私はこういうふうに思うんだけど、あなたはどう思う？

ネガティブ言葉
買ってあげるから、泣きやんで ×

ポジティブ言葉
今日はダメよ ◎

解説

子どもが泣いているときは必ず理由があるという話をしましたが、「自分の望みを叶えるために泣く」という手段を使うことには注意が必要です。**子どもに「泣いたら何でも思い通りになる、言うことを聞いてもらえる、欲しいものが買ってもらえる」という誤った経験をさせないようにしましょう。**

一度そういう経験をすると、味をしめて、同じことを何度も繰り返すことになります。そのためにも、**それをする予定がない場合には、「今日はダメよ」とキッパリ伝えること。**

さらに、「〇〇の日が来たら買ってあげるわね」と、**我慢することで得られる喜び**や、「お母さんとの約束が守れたらね」などと、**望みを叶えるために努力することの意義**を、普段から子どもにもわかりやすい言葉で教えてあげましょう。

【言い換え例】

お母さんとの約束が守れたらね

ネガティブ言葉 ✕

わがまま言わないの

ポジティブ言葉 ◎

それはルールに反しているよ

解説

子どもの主張を尊重することも大切ですが、あまりにも自己中心的な行動や行き過ぎた要求は許されません。

よって客観的に見たときに、それが**「わがまま」であるかどうかを子どもにわからせる**必要があります。

私が幼いころ、七田家には「わがまま、意地悪、嘘、反抗はいけません」というルールがありました。

そのため自分が何かを主張するときには、自然と「これはわがままだろうか？」「ルールに反していないだろうか？」と考えるようになりました。

最初に家族内でルールを決めておくと、子どもは自分の言動に対して自分で考える習慣が身につき、判断規準も明確になり、納得感も生まれます。

【言い換え例】

それはルールに合っているかな？

第 7 章

七田式教育の原点

——私はこうして父から語りかけられ、愛されていた

父・七田眞の子育てに、「七田式教育」の原点があった！

七田式教育の創始者の父、七田眞（しちだまこと）が自分の子どもたちに行った早期教育の目的は、我が子を天才に育て上げるというところにはありませんでした。

「一日のうちほとんどの時間を我が子の教育のために使い、天才に育て上げたとしても、それでは『子どものためにそんなに時間はつくれない。我が家では無理』ということになってしまい、自分の考える教育法が広まらない。

そうではなく、むしろ『それくらいならできそう』と思えるように、共働きの我が家で、1日に20〜30分程度の時間、お遊びの延長のような取り組みをコツコツ続けることで、就学してから楽に学校の勉強についていくことができ、自分のやりたいことができる」

そんな子育てを目指していました。自分の子育てを通じて、「七田式教育」を構築していったのです。

では当時、子どもだった私がどんなふうに育てられていたかを振り返ってみると、まず父は、子煩悩なタイプではなく、研究者タイプの人でした。

私が幼い頃、母は保育士として朝早くから仕事に出かけ、父は自宅で英語塾を開き、中高生に英語を教えていました。

子どもは日中、保育園に預けられ、妹・弟が生まれてからは祖母のお世話になっていました。

父は日中、他の仕事もしていたので、積極的に子どもと遊ぶ時間をつくろうとしていたわけではなく、そこには常に教育的な意図があり、「こういうふうにしたら子どもはどう反応し、どういう結果を出すだろう？」という「研究者目線の子育て」だったように思います。

研究者目線というのはどういうことかと言いますと、父が子育てを始めた当初から「七田式教育」を構築していく目的があり、「こうすればこうなる」と自らが立てた仮説を、子どもたちそれぞれで確認していたのです。

だからこそ「～しなさい！」と強制せず、「～してみたら……」という提案型だったのではないかと思うのです。

提案だから、Ｙｅｓの子もいればＮｏの子もいます。提案を受け入れてほしければ、どういうふうに言えば受け入れるだろうかと工夫もします。

父は４人の子育てを経験しましたが、一人目、二人目のときには知らなくてやらなかったことを、三人目、四人目のときには環境を整え、新たな成果を出したこともあります。新たな情報を積極的に取り入れながら、よりよい子育てを模索していったのです。

父も母も運転免許を持たず、車のなかった我が家には家族旅行の思い出はほとんどありません。

だからと言って、仕事ばかりしていて子どもの相手をしなかったというのも違います。私が小学生のときにはＰＴＡ会長の役を引き受け、凧揚げ大会やかるた（百人一首）大会を企画したりもしていました。

この章では、子育ての様々な場面で、父が具体的にどのように子どもたちと関わっていたかについて、私の以前の著『親の思いを強制しない勇気　七田式の原点「大切なことは、みな子供たちから学んだ」』からご紹介していきます。

「ここまで走っておいで」
──才能を伸ばすことより、環境を整えることが大事

私が幼稚園に行っていたころ、父が突然「楽しいことをするから、こっちに来てごらん」と、三人の子どもたちを集めました。私は当時5歳半、妹が2歳半で、弟が1歳と少し、やっとよちよち歩きができるようになったくらいの年ごろです。

父は、まず私を3メートルほど離れた場所に立たせ、「ここまで走っておいで」と手を広げました。言われるまま、私は父の胸に飛び込むようにその短い距離を走りました。

見よう見まねで妹も同じように続きます。まだ歩みのおぼつかない弟は、それでもなんとか父のいる場所までたどり着き、その大きな胸に抱擁されました。

ただそれだけ、他愛のない遊びですが、父が言うように「楽しいこと」であるのは間違いありませんでした。優しく微笑む父の胸に飛び込むだけなのですが、何やらわ

くわくするような高揚感があったことを今でも覚えています。

七田式教育の重要なキーワードの一つに「才能逓減（ていげん）の法則」というものがあります。父は20代の半ば、病床で読んだ『英才教育の理論と実際』という本に多大な影響を受けました。

そこに次のような理論が紹介されていました。

「数育で大切なのは０歳～６歳のあいだであり、そのあいだにどのような環境で育ったかが、その子の性格や資質、才能を決定づける。数育に関するアクションは、０歳に近いほど大きく伸びる可能性があり、遠ざかるほど可能性は次第に減じて（逓減して）いく」。「才能逓減の法則」の大づかみな説明です。

実際の子育てのなかでも、父は常にこの法則を気にとめながら、子どもたちと接していました。

そんなある日、父はとある体操選手の著作を読みます。ご夫婦そろってオリンピックに出場されたという一家の物語でした。このご夫婦の子育て論は、父にとって、とても興味深いものだったようです。

著作によると、ご長女はとても運動能力の高いお子さんだったそうで、お二人は自分たちがオリンピックの選手だから、これは二人の素質がそのまま受け継がれたものと思い込んでいたそうです。

ところが、次女が幼いうちに、夫妻は体育大学の先生としての仕事が忙しくなっていたため、お手伝いさんを雇って次女の育児をすっかり任せていました。

彼女が4歳のある日、夫妻は愕然とすることになります。それは、次女が椅子の上から飛び降りるのも怖いという子になっていたからです。慌てて、運動の特訓をしてみたけれど、次女は長じても運動が苦手のままだったそうです。

父は、思い立つと行動せずにはいられません。冒頭で紹介したのが1日目で、以来、父の取り組みは続きます。

初めは3メートルの距離を走らせていたのですが、1週間ほどすると50センチ伸ばして3・5メートルを走らせました。また1週間後には50センチ伸ばして4メートル。最終的には30メートルほどの距離をきょうだいみんなに走らせたといいます。

結果、妹と弟はとても足の速い子どもに育ちました。特に妹は中学時代、県下でも有数のスプリンターだったようです。

私のほうはいつまでたっても鈍足のまま。小学校時代は１００メートル競走でいつもビリを争っていました。

でも、父は足の遅い息子を見て、不甲斐なく思うような人ではありませんでした。そしておそらく、「もっと早くに特訓を始めてやればよかった」と後悔することもなかっただろうと思います。「なるほど、こうなるのか」と納得したのでしょう。

運動の取り組みは、もちろん私たちきょうだいのことを思って始めたことです。ところが運動が得意な子どもに育ってほしい、という願いのほかに、その真意はもう一つあったと思います。

子どもたちを使った実験。

こう書くと、なんだか冷たい親のように思われそうですが、決してそうではありません。自分の頭のなかにある仮説に解を与えることにより、その後の子育てや自身の教育理念づくりに役立てたかったのです。

５歳から運動の取り組みを始めた私は、短距離走は遅いままでしたが、走ることそのものについては効果があったのでしょう。中学生のとき、補欠でしたが駅伝の選手に選ばれたりもしました。取り組みは、私にとっても無駄ではなかったのです。

「天才の子だから天才」ではなく、才能や資質は「環境因子」が大きく影響するのです。どんな親御さんでも。この事実を知れば、その日からわが子の才能を伸ばす子育てができるようになるのです。

➡才能を伸ばすことより、環境を整えることが大事

「気の済むまでさせておこう」
——頭から否定したり、比較しない

四角い箱から真っ白いものが少しだけ見えている。何だろう？　と思って引っぱってみると、真っ白いそれはスルスルと箱から出てくる。全部を引っぱり抜くと、今、手に持っているのと何じものが、また箱から少しだけ顔を出す。

初めて見る幼子にとって、箱ティッシュは魔法の小箱です。何度でもやってみたくなります。次から次に引っぱり抜き、箱を空っぽにしてしまうのは「子育てあるある」の上位入賞必定のエピソードです。

じつは私自身、同じような経験があります。まだ1歳になったばっかりのころ、母の鏡台の前に座り、化粧水の小瓶を逆さにしてひたすら振っていたのだそうです。ふたが閉まっていれば問題はないのですが、何かの拍子にふたが開いていたらしく、瓶

をひと振りするごとに中身がピシャピシャ出ていたのです。
夢中でやっている私に父は何も言わず、最後まで見守っていたそうです。最後とはもちろん瓶が空になるまでです。

父には次のような思いがありました。

「子どもが悪気なくやっていることは童業（わらべわざ）といって、いたずらに見えても、そうではないことが多い。身に危険がおよぶことでなければ、そのままにさせておくのがいい」

「興味のある物事を、危険なものだったり誰かを傷つけたりするものでないかぎり、取りあげるべきではない」というのです。

当時の記憶が私にはありませんが、ひと振りするごとに小瓶からほとばしる化粧水のしずくは、光を乱反射させキラキラと美しく輝いていたのでしょう。

大切なのは、親としての姿勢です。

わが子がどういうものに興味があるのかを見極めるためには、子どもの行動を注意深く観察する必要があります。あの塀の向こうにはどんな世界が広がっているのか、登ってたしかめさせないと、そもそもわが子がどんな世界に興味を持つのかすらわからないのです。

禁止せずに、少々のことには目をつぶってやらせてみることです。

興味の「興」は「おもしろみ」という意味です。

「味」にも「そのものの持っている趣（おもむき）」という意味があります。

そして「興」の字は興奮という言葉に使われるように、感情の高ぶりを意味します。

また訓読みをすると「おこ（す）」です。

興味を持って取り組むことは人を興奮させ、いつか才能や素質を興すことにつながるのです。

親は子に期待するものです。そしてうっかり、よその子と比べたりして「うちの子はあれもできない、これも不得意だ」と否定的になりがちです。

ところが、否定の感情は相手に伝わります。職場にいる、どうしても好きになれない同僚。仲よくしておいたほうが何かと都合がいいのですが、どうしてもうまく関係をつくることができない。誰もが経験したことがあるはずです。

なぜ、うまくやれないのか？　それは、相手に対するマイナス感情が伝わっているのです。同じように、あなたもその人からよく思われていない。

同じことが親子のあいだでも起こり得ます。子どもに対するマイナス感情も、やはり伝わってしまうのです。

期待するのはいいことです。ただ、「あれもできない」「これもできない」と、わが子を消去法で見るのはよくない。

よその子やほかのきょうだいと比べて、仮に言葉が遅いとしましょう。このときに「ダメだ」と考えるのではなく、「この子はあの子より言葉が遅いのだな」と事実を観察すればいいのです。

いたずらっぽく見えること、ちょっと乱暴に思えること、否定的に見がちなこと。人は一様ではありません。同じ光が当たっても、対象物が違えば反射する光の色は様々に変わります。

どんな光が当たろうが、遮ることなく、まずは観察してみることです。

瓶の口からほとばしる化粧水のように、様々に光を乱反射させる美しいわが子の姿を発見できるかもしれません。

⬇あらゆるものが、子どもを知る研究材料になる

「すごいのができたなぁ」
――玩具は、子どもの興味関心を観測するツール

らくがき帳、ねんど、積み木、ブロック。子育てのなかで必ず使われるアイテムです。どれも触ったことがないという人はたぶんいないのではないでしょうか。

らくがき帳に何時間でも飽きずに絵を描いている。この子は将来、画家やイラストレーターになるかもと、親は想像をたくましくする。どの家庭にでもありそうな話です。でもちょっと待ってください。何時間も飽きずに描いているのは、本当に絵でしょうか。ねんどでも、積み木でも同じです。

ねんどだからといって「もの」をつくっているとはかぎりません。もしかしたら「幸せな気持ち」をかたちで表現しようとしているのかもしれません。

人間の想像力に、底や天井はありません。どこまでも羽ばたいていく可能性をもっています。**遊び方を観察すれば、その子の想像力の一部を理解することができるかも**

しれないのです。

私には妹と弟がおり、三人きょうだいです。しかし私が生まれたときには3歳になる兄がいました。私が1歳のとき、兄は急性骨髄性白血病でこの世を去ってしまいます。そこから妹が生まれるまでの2年間、私は一人っ子として育てられました。

長男を早くに亡くした両親は、次男が寂しがらないようにと考えたのか、私に一人でも楽しめる遊びをいろいろと教えてくれました。

その一つがブロック遊びでした。色とりどりのブロックをつなぎあわせて、「何か」をつくることができます。つなげていけば頭のなかにあるかたちを目の前に出現させることができるこの玩具に、私は夢中になりました。

「2時間でも3時間でも一心にやっている、その集中力はすごいなと、わが子ながら感心したものだよ」と、後年になって父も語っていました。

もちろん飛行機やロボットのようなものをつくった記憶はありますが、私の場合はもっぱら「模様づくり」に興味があったようです。

同じ色のブロックを同じ間隔で斜めにずらしながら5個組みあげていくとします。すぐ隣に別の色を同じようにつなげて組みあげていく。くり返すと色とりどりのギザギザの壁ができます。

もっともっと複雑、巨大にしていけばイスラム文化圏のタイルによるモザイク模様のようなものができるはずです。

「ブロックがたくさんあれば、すごい模様のお城をつくることができる」

当時の私は、そんなふうに思ったらしいのです。

息子の思いをくみ取った父は、しばらくすると大きなダンボール箱いっぱいのブロックを買い足してくれました。

当時の私が大喜びをしたのはいうまでもありません。せっせとモザイク模様の城づくりに励んだようです。

やがて、城は完成しました。といっても、幼児の自分がやっと隠れるくらいの壁を四面つくっただけです。

父は「すごいのができたなぁ」とほめてくれました。そして私の資質の一つを、つくりあげた小さな城から読みとってくれたようです。

たかがブロック遊びと侮ってはいけません。**父はブロックで幾何学模様をつくる私を見て、数学に対する可能性を見出してくれたようです。**

その後も数字の計算が不可欠なトランプ遊びをたくさん教えてくれましたし、きょうだいで人生ゲームなどのボードゲームをやるときは「厚さんは計算が得意だから、銀行の役をやってくれるかな」と促してくれました。

おかげで小学生の高学年になるころには算数は大の得意科目となり、高校・大学と受験のたびに数学を武器に戦いました。

玩具は買い与えるだけではなく、**「ときにはいっしょに遊んで同じ時間を共有することも大切」**と父はよく言っていました。そうすれば、さらに子どもたちを間近で観察して多くの発見ができるのです。

⬇子どもといっしょに遊んで同じ時間を共有する

「これはなんという字？」——愛があれば、子育ては早いも遅いもない

前述したことですが、私には夭逝した兄がいました。少しだけ、この兄についてお話しします。父は長男（淳）のことを、次のように著書に書き残しています。

「子育てには積極的に関わった。淳をよく抱き、妻に負けずに私も世話をした。おむつも上手に換えたし、ミルクも飲ませた。夜泣きには、私も起きて、淳を寝かしつけた」（七田眞著『生きて来た道・第八集』）

生後2、3カ月でも、時間を見つけては話しかけ、抱いてあやすときには常に自分の目に映るものを指差して「これはおふとん」「あれはかがみ」「この四角いのはタンス」と、一つひとつの名称を言って聞かせました。

別に英才教育をほどこし、天才児をつくりだしたいと考えていたわけではありませ

ん。だからつきっきりで世話をしたわけでもありません。普通の親が普通にできる範囲で、最大の効果を生みだすよう、いわば研究していたのです。

長男の淳は、1歳2カ月ぐらいからはっきりした言葉を口に出し始めました。2歳になったころには多くの日本語を操り、ほぼ問題なく意思の疎通ができるようになりました。字を覚えはじめたのも、その時期といいます。徐々に「山」「川」「口」など、漢字もどんどん読めるようになっていったのです。

ところが淳は病に侵され、4年半という短い生涯を閉じてしまうのです。家のなかは灯が消えたように寂しくなったことでしょう。


当時、私は1歳と少し。兄と同じように育てたら、もしかしたら同じような運命をたどるのでは……。母親はそんな思いにとらわれたといいます。

両親は次男の私に対して早期教育を封印しました。それでも「右脳の能力が開いているあいだに少しは始めなければ」と父は思い、私が3歳になったのを契機に、文字の書かれた積み木を使ってひらがな読みの取り組みを始めました。

表に桃の絵、裏に「も」と書かれた積み木の表裏を見せて「これは『ももの〈も〉』

という字だよ」と何度も言って聞かせるのです。そして翌日、私に積み木の「も」の字を見せて**「これは何という字?」**と問いかけます。

同じことを兄は2歳の初めにクリアしています。

「次男の厚だって3歳になっているんだから、簡単にやってのけてくれるだろう」

父はそう思っていたかもしれません。

ところが、私は「知らん」とそっぽを向いたというのです。今となっては七田家に伝わる笑い話の一つですが、当時の父はかなりのショックだったようです。

もちろん、その後も父は諦めませんでした。絵のカードと文字のカードを別々につくり、ひっくり返してたしかめられないように工夫しました。

このカードを使って練習を続けた結果、私は1カ月ほどですべてのひらがなをマスターすることができたそうです。おかげで小学校に上がるまでには『アリババと四十人の盗賊』といった小学校低学年向けの書籍を黙読するほどになっていました。

私の場合は3歳からのスタートです。一般的には決して遅いスタートではありません。さらにいうと、４歳であっても５歳であっても遅すぎるということはないのです。

０～２歳までの早期教育を私自身は経験していません。その理由は、私のことを大切に思っていたからです。

つまり、そこには「愛」があった。早期教育はなかったかもしれませんが、**父も母も、私のことを心から愛して育ててくれたのです。**だからこそ、目覚ましいスピードでひらがなをマスターすることができたと思うのです。

子育てに自信がもてない、と悩む親御さんはたくさんいらっしゃいます。そういう人には、**「子育てに自信をもっている親なんて一人もいない」**と言ってあげたい。誰だって不安なのです。

でも、**「私たちはお前のことを愛しているよ」というメッセージが子どもに伝わりさえすれば、まずは大丈夫。**そこからスタートすれば、遅すぎるという教育はないのです。

⬇ 愛が伝われば、遅すぎるという教育はない

「自分でむくのなら、全部食べていいよ」

——「してもらう子」から「してあげる子」へ

私たちきょうだいが幼いころ、父は自宅で英語の塾をやっていました。最盛期には、一人で300人以上の生徒さんを抱えていたというから、かなり忙しい毎日だったはずです。

小学校から帰ると、父はちょうど塾での授業の準備を始めている、そういう毎日でした。日中、母はいない。父は自宅にいるけど、塾の仕事で手が放せない。

私たちきょうだいのために、両親は「おやつ箱」を用意してくれていました。入っているのはクッキーだったり果物だったり、日によって違います。

私が小学校4年生のころ、妹は1年生で弟は保育園。そんな年齢構成だったと記憶していますが、ある日こんなことがありました。その日のおやつはリンゴ。父がむいて、きょうだい三人に切り分けてくれました。半分を私に、残りの半分を妹と弟に分ける。そんな感じだったでしょうか。

分け方に文句はないのですが、何せ私は食べ盛りです。半分じゃ物足りなくて、「もっと食べたいよ」と父に言いました。しかし、そろそろ塾が始まる時間です。

父はもう一つリンゴを取ってきて、**「自分でむくのなら、家中のリンゴを全部食べてもいいよ」**と手渡してくれました。これには当時の私も大喜びです。

大きな包丁を取りだし、見よう見まねで無事リンゴをむいて、妹、弟と分けて食べました。

このエピソードには２つのポイントがあると思っています。

――一人でさせても危険はないだろうという見極め。

――全部食べていいと言っても、この子ならきょうだいに分けるだろうという見極め。

当時の七田家には、やってはいけない４つのルールがありました。「わがまま」「いじわる」「うそ」「はんこう」。きょうだい全員が読めるように、ひらがなで書かれたルール。リビングの目立つところに貼ってありました。

どれも当たり前のことのように思われるでしょうが、じつはこれ、けっこう難しいことなのです。

「テーブルの上に乗っちゃだめ」「廊下は走っちゃだめ」――。

具体的な事象を禁止するのは子どもにもわかりやすいのですが、「わがまま」「いじわる」「うそ」「はんこう」は目に見えない概念です。どういうものが「わがまま」で、どういう行いが「いじわる」なのか、どうして「うそ」がいけないことなのか、「はんこう」したい気持ちってどうして湧いてくるのか。

小学校の4年生だった私は、この4つのイメージをきちんと捉えていました。ところが、まだ幼い妹弟たちにとっては難問です。4つのルールのどれかを破って、ときどき両親に注意されていたものです。

まるで研究の対象物のようにわが子の観察をしている父は、こうしたところからも子どもたちの発達段階を測っていました。

以上のようなことを踏まえ、父は次のように判断したのです。

「4つのルールをしっかりと理解している厚は、『はんこう』せずに、料理の手伝いもしている。だから、包丁を使わせても大丈夫だろう。

さらに『家中のリンゴを全部食べてもいいよ』と言っても、まさか本当にそんな『わがまま』はしないだろうし、独り占めするような『いじわる』もしないだろう」

父の判断どおり、私は自分の指を傷つけることなくリンゴをむき、物欲しそうな目で見守っている弟妹にカットしたリンゴを分けました。

親の言うことを理解し、ある程度のことが自分でやれるようになってきた。そろそろ自立してきたなぁと感じる。だから安心してお手伝いを任せたのに、言ったようにできない。

「なんてだめな子どもなんだろう……」と思わずため息をついてしまう。どの家庭にもあることです。

しかし、ここで叱っても意味はありません。その段階の子どもは、「自立」はできていても「自律」できていないからです。素直ないい子に見えても、ルールを理解し、自分を律することができるようになるには、けっこう時間がかかるものなのです。

わが子を「してもらう子」から「してあげる子」に意識して変えてみるのはいいこ

とです。親に何かおねだりするようなタイミングで、「してあげる」だけでなく「させてみる」という、自律を促す提案ができるのではないでしょうか。

私は父に「自分でむくのなら」と言われたことで、次のステップに自然に成長を促されていたのだと考えるようになりました。あまりに自然なことで、なかなか気づきませんでしたが、今になって思えば、父の視野の大きさを感じざるを得ません。

父は私が「してあげる子」になるよう、自然に成長を促すために、「自分でむくのなら」とリンゴを渡してくれたのでした。

子どものしたいことが、誰かにしてあげることにつながる小さな芽となるように導いてあげたいものです。

⬇「してもらう子」から「してあげる子」に変える

「本立てを買ってみたら？」——当たり前じゃない提案で、親の愛を一生記憶する

父はかぎられた時間のなかで、少しでも多くのことを体験させようとしてくれました。英語塾の経営者として、地元銀行との付き合いも仕事のうちなのですが、父は自分が銀行を訪ねるとき、ときどき私を連れていきました。

私が小学校2年生のころ、いつものように父と二人で地元の銀行を訪ねました。用事を済ませ、銀行を出たところで、私は折りたたまれたお札が落ちているのを見つけます。

拾いあげてみると、二枚のお札が重ねて四つ折りになったものでした。額面は２００円。今ではすっかり珍しくなってしまった板垣退助の顔がデザインされた百円札です。

銀行の目の前には横断歩道があり、その向こうに派出所があります。父はそこを指差し、「こういうときは交番に届けるんだよ」と教えてくれました。

父は私の手を引いて、交番まで連れていってくれ、事情を説明するように促しました。お札を握りしめた子どもが親に連れられてきたのです。

おまわりさんも事情を察して、「お金を拾ったのかい、ありがとう。落とした人も困っているかもしれないね」と頭をなでてくれたように覚えています。

そこでお金だけ置いて帰ってもいいわけです。少額の場合は実際にそうする人も多いようですが、父はあえて届け出をすることにしました。半年後に落とし主が現れない場合は200円が私のものになるようにすることにしました。

簡単な書類にサインなどをしなければならないのですが、父はできるだけ私に書かせました。

半年後、200円は私のものになりました。同じ交番に行って、板垣退助の2枚の百円札を受けとった私、何に使うのかはまったく考えていません。

「その200円どうする?」

「うーん、貯金?」

「それでもいいけど、学級文庫の本を入れるスペースがなくて、本立てが必要だって言ってたでしょ？　それを買ってみたらどうだろうね」

「200円じゃ買えないんじゃない？」

「お父さんが足りない分を出してあげるから大丈夫。きっとみんな喜ぶと思うよ」

別に異存はありません。ただ、クラスのみんなに冷やかされるだろうな、という思いは子どもながらにありました。

早速、私は父といっしょに文房具屋さんに行き、本立てを買ってそれを小学校にもっていきました。担任の先生に事情を話して本立てを渡します。そこで終わってくれてもよかったのですが、先生は「七田くんが拾ったお金を元に本立てを寄付してくれました」と全員の前で説明してくれました。

思ったとおり少し冷やかされました。それだけではなく、クラスメートたちは素直に喜んでくれたように思います。

父はいつも「○○しなさい」と命令はしません。このときも**「本立てを寄付してみたらどうだい」**と、提案しただけです。

本当に小さなエピソードですが、当時の思いは今でも胸の奥にしっかりと根を張っています。お菓子を買えば忘れてしまったかもしれないエピソードに、ドラマが演出されているので深く印象に残ったのです。

ドラマといっても、何もクリスマスや誕生日に凝った演出をしようと言いたいのではありません。もちろん、それも大切なのですが、**ドラマは毎日のなかに隠れていて、信じられないような感動を生んだり、一生忘れない印象として残ったりするものです。**

当たり前を当たり前と見逃さず、わが子とともにドラマを見つけだすことはとても豊かなことです。親のちょっとした提案で、日常のなかに自然にドラマを紡ぐこともあるのです。

いつもと違うこと、人とは違うことを提示してみる。すると、子どもは何も教えなくても、何かを学ぶことがあるのだと、父との体験で私は知ったのかもしれません。

高校時代に私はもう一度お金を拾います。高校生のこのときも、すぐに交番に届けに行きました。やはり、半年後にそのお金は拾い主の私のものになるのですが、どうやって使ったのか、何を買ったのかまったく覚えていません。

小学生のときの200円も、自由に使っていたとしたら記憶に残ることはなかったでしょう。

こうした記憶が「僕のことを考えてくれている」「愛してもらっている」という思いにつながり、自己肯定感を高める助けとなってくれるのです。

うっかりすると流れてしまう日常のなかに、ちょっとした引っかかりを見つけて成長の手がかりとする。人生の先輩だからこそ、子どもたちを導いてあげられるのです。ちょっとくらいあてが外れてもいいじゃないですか。当たり前じゃない提案をしてあげると、その後の人生に大きく役立つ可能性が生まれるかもしれませんよ。

⬇当たり前じゃない提案で、ドラマとなる経験を得る

「特別なレッスンをするよ」
——自分の興味を共有して、ワクワクの芽を伸ばそう

父の英語塾は、当たり前ですが、学校が終わったあとに始まります。そして、その日のレッスンが終わるのが夜の10時をまわってしまうこともありました。

黒板の前に立ち、ときどき笑いをとりながら授業をする父の姿。父の話をノートに書き写している生徒さんたちの姿。

子どものころ、私はもっと父にかまってほしかったという思いが未だにぬぐいきれないのですが、仕事だから仕方ないなと、がまんするしかなかったことを思い出します。

塾は土日も休みではありません。学校のない週末や春夏冬の長期休みなど、かえって忙しかったほどです。そうした事情も影響しているのでしょう。車がない家だったこともあるでしょう。七田家の家族仲はすこぶるよかったのに、レジャーで、みんな

で出かけた思い出があまりありません。

でも時折、学校の修学旅行などで生徒さんが休みになって、塾のレッスンの時間がぽっかり空くことがありました。

そんなとき、父は私たちきょうだい三人に声をかけました。

「おーい、みんな〜、特別なレッスンをするから集まっておいで」

いつもは生徒さんが使っている机につき、黒板の前に立つ父を見上げます。もうそれだけで、私たち子どもの心はわくわくなのです。


子育てにおいて、友だちのような親子関係を勧める方もいます。愛情表現として、ときにはそうした見え方もあるでしょうが、親子と友だちはまったく違うものです。そこには一定の距離があります。

英語教室で時間の空いたときに行われる「特別レッスン」は、遊びよりももっとわくわくするものでした。たとえば、そのときに教わった速算法は、今の仕事にも役に立っています。

このときに興味の芽を伸ばしてもらったおかげで、その後、速算法の本も出版することができました。

また、父は満州で生まれ、中学まで中国大陸で過ごしていたので、簡単な中国語も話すことができました。その知識を活かした英語と中国語と日本語のミックス授業なども、とても印象に残っています。

こうしたちょっとした知識が、現在でも頭のなかに残っており、それがきっかけで、私はいろんな国の言語に興味をもつようになり、大学では英語は履修せず、ドイツ語とフランス語を学び、ロシア語もかじりました。

学校の勉強と少し違う視点で、その周辺の話題を子どもたちと共有するのは、有形無形のさまざまな栄養を与えることになるのです。

「そんなふうに教えることができるものなんて、私には何もないよ」と思ってしまうお父さん、お母さんもいらっしゃるかもしれません。

でも大丈夫、**なんだっていいんです。ご自分の得意分野でけっこう。そうした「興**

味」を子どもたちと共有するだけで、彼らの心のわくわくの芽を伸ばすことができます。

読書家だった私の父も、そのときどきに読んだ本から得た関心を、子どもに向かって話しかけてみることで「特別レッスン」していたことも少なくありません。**自分の興味のあることでいいのです。**その知識を投げかけて、子どもたちと同じように考えてみる、そうしたやりとりのなかにこそ、学校では教わらない栄養が詰まっているのです。

親の興味を披露する。子どもが喜んでついてくればしめたもの。その興味を広げてあげましょう。

何にせよ、ときどき球を投げてあげなければ、打ち返すことはできません。球探しも、親の大切な役目と言えるのです。

⬇親子で興味や関心を共有してみる

「家族会議をしよう」
――子どもを一人の人間として人格を認める

私が小学校4年生くらいのころ、父は**「家族会議をしよう」**と、月に1回、家族そろっての会議を開くことを提案しました。

「子どもたちに自主性や企画力、つまり自分で考える力を養ってもらいたいと考えたからなんだ」

後年、このように語っていました。

家族会議が始まったころ、妹は小学校1年生、弟はまだ保育園に行っていました。会議の内容は子どもたちに任され、議長は月に1回、子どもたちの持ち回りでした。

メインの議題は、その都度違うのですが、毎回定例の発議もありました。それが「各自の達成目標」です。「お手伝いの目標」「勉強の目標」、夏休みなら「プールで25メートルを泳ぐ」などの目標もありました。

それぞれが目標を達成すると、「連帯責任」ならぬ「連帯ごほうび」が待っています。誰か一人でも目標達成できれば、家族みんなでちょっとだけ贅沢な外食に連れていってもらえるのです。だからきょうだい同士、なんとなく応援しあうような空気もあって、なかなか楽しい会議でした。

しかし、漫然とやっているだけでは会議はマンネリ化してきます。このあたり、会社の定例会議なんていうものも同じかもしれません。ときには、より大きな問題提起や新しい提案がないと、会議は停滞するものです。

家族会議は、そうした問題提起や提案を子どもたちが自発的にできるように心がけることが大事だと思っています。**子どもたちに「企画力」を発揮してもらう**のです。

七田家の家族会議には、子どもの「企画力」を発揮する場面がいろいろありました。とはいっても、「企画力」とはどういった力でしょうか。

テーマを探してゴールを定め、問題点を洗いだし、これを乗り越えてゴールのビジョンを具体的に描く。そうしたこと全体をマネジメントする力が企画力だと私は考えます。人が生きていくうえでとても大切な力です。学力などよりもずっと必要なことではないでしょうか。

こうした力を養うため、家族会議ではときどき大きなイベントについての発議がされました。たとえば、「今度のゴールデン・ウィークに2泊3日の家族旅行を実施します。行き先はどこがいいですか？」といったものです。

会議の内容は子どもたちの自主性に任されるとはいえ、「ハワイに行きたい」「だったら行こう」というようなことにはなりません。経済的にも、日程的にも、現実的じゃありませんからね。

「どこに行きたいのか？」という議題になっても、アイデアが浮かばないこともあります。そんなときは**「やまびこ話法」**です。やまびこ話法とは、子どもたちの問いかけにおうむ返しで返す話法のこと。

「行きたいところがない」

「そうか、行きたいところがないか。じゃあ、何がしたい？」

「海水浴がしたい」

「海水浴がしたいんだね。だったら、海がきれいな場所がいいね」

といった具合です。

ネガティブな発言も押さえつけることなく、子どもたちの発言を繰り返して、さらに視点を変えた質問をしていくのです。そうすると、おのずと「やりたいこと」「行きたい場所」が見えてくる。

これは、様々なことに応用可能です。

「もう勉強したくない」

「そうか、勉強したくないいか。じゃあ、何がしたいの？」

「遊びたい」

「遊びたいんだね。それで、どんな遊びがしたいの？」

このようにして、子どもたちが自分で考えなければならない方向に連れていくことができるのです。

しばらく好きなように遊ばせてやるのもいいでしょう。じつは遊びたいわけじゃなかったりします。集中力が切れたとか、ただ甘えてみたいだけとか、勉強の中断はそうしたことが多い。少し気分転換をするほうが、だらだら勉強を続けるよりずっといいのです。

頃合いを見計らって、「どう、気が済むまで遊んだ？」と問いかければ、案外と素直に机に戻るものです。

大切なのは、押さえつけず、子どもたちに考えさせ、選択させることです。親は提案につとめること。

「〇〇しなさい」方式では、素直な子たちでも思わず反抗したくなるのです。「〇〇してみてはどう？」と提案していく。要は**子どもたちを一人の人間としてその人格を認めることが、彼らの自主性、つまりは「企画力」を育てることにつながるのです。**

家族会議で何かが決まったあとも、それで終わりにせず、その後、実際の運営までを見守ってやる。そこからが本当の訓練なのです。

⬇子どもたちを一人の人間としてその人格を認める

「いっしょに遊ぼう」
――親子で本気でゲームをすることで、子どもの別の顔が見える

父が70歳のころ、保育園のお迎えのあと、二人の子どもを父の仕事場へ連れていったときの話です。「申し訳ないけど、ちょっとだけ孫たちの面倒をみていてくれないかな」とお願いすると父は快諾してくれ、私は安心して出かけました。

用事を終えて帰ってくると、父は二人の孫といっしょになって、「ひゃー、あたる～！」と叫びながら、飛び跳ねて遊んでいたのです。

父はいつも言っていました。

「子どもは遊びのなかから、自分で考えること、ルールを守ることを学ぶ。そしてまた大人のほうも、子どもたちと遊ぶことでいろいろなことを学ぶんだよ」

父は今、子どもたちと遊ぶことで何かを学んでいるのかもしれない。

私は子どもたちと遊ぶ父を見ながら、自分が幼かったころ、百人一首の作戦などを

真剣に教えてくれる父の眼差しを思い出していました。

島根県は百人一首が盛んな地域です。父は私に、そのおもしろさを教えるために、ときには私と対戦し良きライバルになってくれたりしながら引っぱっていってくれました。

遊びの大切な要素がルールです。 社会はルールのかたまりです。好き勝手に生きていくことはできません。お互いにルールを守って尊重しあいながら社会生活を営んでいくことが求められます。

ただ、破ることができるのもルールです。こっそりルールを破れば、あるいは有利になるかもしれません。でも勝てない。なぜならルール違反だからです。

たとえルール違反が見逃されても、心に罪悪感は残ります。こうした感覚を遊びのなかで学ぶとすれば、やはり対人の遊びのほうが優位でしょう。

スマホやPCのゲームではルールを破ろうにも不可能です。**対人間のアナログなゲームや遊びのなかでこそ、ルールを守る心は養われるのです。**

遊びのなかで社会性を学び、自分自身を律する姿勢を学ぶ。いわゆるセルフ・コントロールの力を、遊びを通して身につけるのです。

また、**ゲームは子どもの成長の程度を知るバロメーターにもなります。**たとえばトランプの「神経衰弱」。子どものころ、私たちきょうだいも父とよく対戦しました。裏返したカードを表に向けて、同じ数字だったら取ることができる。しかし、まだ幼いうちには、2枚目に表に向けたカードの数字が違っていたら、3枚目をめくろうとすることもありました。

「それはルール違反だよ」と教えても、まだ理解できない。でも、自分だけみんながしないことをするのはいけないことだと徐々に気づきます。そうでないと、おもしろくないこともわかってきます。

このあたりのことが理解できるようになると、ほかのゲームでも大丈夫です。「スピード」や「7並べ」など、定番のゲームのおもしろさをどんどん吸収していきます。そして同時に、社会のルールも少しずつ理解することができるようになってくるのです。

前にもお話ししましたが、七田家では子どもたちがそうした年齢になってくると、「わがまま、いじわる、うそ、はんこう」と書かれた紙を居間に貼るようになりました。これを破ったら叱られるという、わが家の憲法です。

子どもが家のなかをドタバタ走りまわる時期があります。親は叱りますが、子どものドタバタはやみません。

これって、一時的な道路工事のようなものです。道路が完成すれば工事は終わります。

「工事をやめてください」とお願いしても詮無いことなのです。

叱るべきは、そこではない。

人間として本当に大切なことができない場合に叱るのです。

わが家では叱るべき目安が「わがまま、いじわる、うそ、はんこう」だったのです。語呂がいいので、私などはよく歌うように口ずさんでいたものです。

こうした家族の憲法をつくるときは、両親といっしょに子どもにも参加させることをおすすめします。いわば「家庭の憲法制定会議」です。広く周知させるために家族全員の参加が望ましいというわけです。

子どもに「いっしょに遊ぼう」と親子でゲームに興じ、本気で遊ぶことで、それまで知らなかった子どもたちの姿が見えてきたりもします。

親が子のライバルになって競いあうことで、子どもたちは、勝つことだけではないゲームの本当のおもしろさを知り、様々なルールの大切さを学んでいくのです。

⬇親子がライバルになることで、知らない子どもの姿が見えてくる

あとがき

最近は一人っ子家庭も多くなり、それゆえのお悩みというのもクローズアップしてきているように思います。

兄弟げんかをすることがないわけで、それ自体はいいかもしれませんが、けんかをしないということは、仲直りもしないということですから、それは経験不足になります。

また、きょうだいがいれば「どっちが先にする？」という問題がつきまとい、後になったほうが我慢をする、あるいは全部食べたいのに半分しか食べられないといった場面が毎日のように出てきますが、一人っ子はそんな我慢をする必要はありません。

しかし、保育園や小学校で共同生活をするようになると、我慢をする場面も出てきますから、やはり「我慢する」ということは、早いうちから覚えさせる必要があります。

子育て中のお母さまから、「ご飯の支度をしなければいけないのに、子どもが私から離れてくれない」というお話を聞くことがありますが、その問題を根本的に解決するには、お子さんが一人で遊べるように導いてあげる必要があると思います。

本書では、お子さんにかける言葉次第で、やる気を引き出せること、よりよい親子関係が構築できること、その具体的な言葉がけについてお伝えしてきましたが、併せて「一人で遊べる子に育てる」という視点も持っておかれるといいでしょう。

そのためには、「お子さんのお気に入りの遊びを見つける」こと、そして、「一人で遊べるように導いてあげる」ことです。そうすれば、お母さんも日々、少しゆとりを持って過ごすことができるはずです。

父は私とトランプで一緒に遊んでくれましたが、それだけでなく、一人でできる遊び方も教えてくれました。五目並べやオセロ、将棋の相手もしてくれましたが、一人でできる詰め将棋の本も与えられました。

近頃は電子ゲーム全盛で、そういうものでの一人遊びというのは、今はいくらでもありますが、幼児期にその世界に没入するのはおすすめできません。

昔ながらのアナログな遊びの中には、手先が器用になるとか、五感をフル活用して臨機応変な対応力を育ててくれるものがありますが、スマホやタブレットといった小さな画面に注目し、いくら3DだＶＲだといっても眼球を大きく動かすことはなく、視覚・聴覚のみの刺激で終始していては脳の順調な発達は望めません。

レモンや梅干しを見ても唾液が出ない、遠近感がつかめずボールがキャッチできない、タッチペンだけで育ち筆圧がついていない……。

そういうことにならないよう、幼児期から小学校低学年の「つ」がつく年代「……七つ、八つ、九つ」、つまり10歳前までには、外遊びや昔ながらのけん玉や折り紙といったお遊びなど、意識的にアナログ遊びを体験させるようにしていただきたいものです。

末筆になりましたが、本書の企画から完成に至るまで、長きにわたってご尽力いただいた遠藤励起さん、また本書の編集に際し多大なるご尽力をいただいた井上春香さんのお二人に大変お世話になりましたこと、この場を借りて厚く御礼申し上げます。

七田 厚

◆著者略歴

七田 厚（しちだ こう）

株式会社しちだ・教育研究所代表取締役社長。七田式主宰。

父は七田式の創始者・七田眞。

1963年島根県生まれ。東京理科大学理学部数学科卒業。

七田式教室は国内約230教室に加えて、世界16の国と地域に広がっている。

著書に『忙しいママのための 七田式「自分で学ぶ子」の育て方』（幻冬舎）、『お父さんのための子育ての教科書』（ダイヤモンド社）、『いつも結果を出す人がやっている「潜在意識」活用大全』（日刊現代）など多数ある。

七田式
自分で考えて動く子どもに育つ
言い換えことば

2024年11月20日 初版第１刷発行

著　者　七田 厚
発行者　池田 雅行
発行所　株式会社 ごま書房新社
〒167-0051
東京都杉並区荻窪4-32-3
AKオギクボビル201
TEL 03-6910-0481（代）
FAX 03-6910-0482
企画・編集協力　遠藤 励起
構成協力　井上 春香
カバーデザイン　（株）オセロ 大谷 治之
DTP　海谷 千加子
印刷・製本　精文堂印刷株式会社

© Ko Shichida, 2024, Printed in Japan
ISBN978-4-341-08875-0 C0077

ごま書房新社のホームページ
https://gomashobo.com
※または、「ごま書房新社」で検索